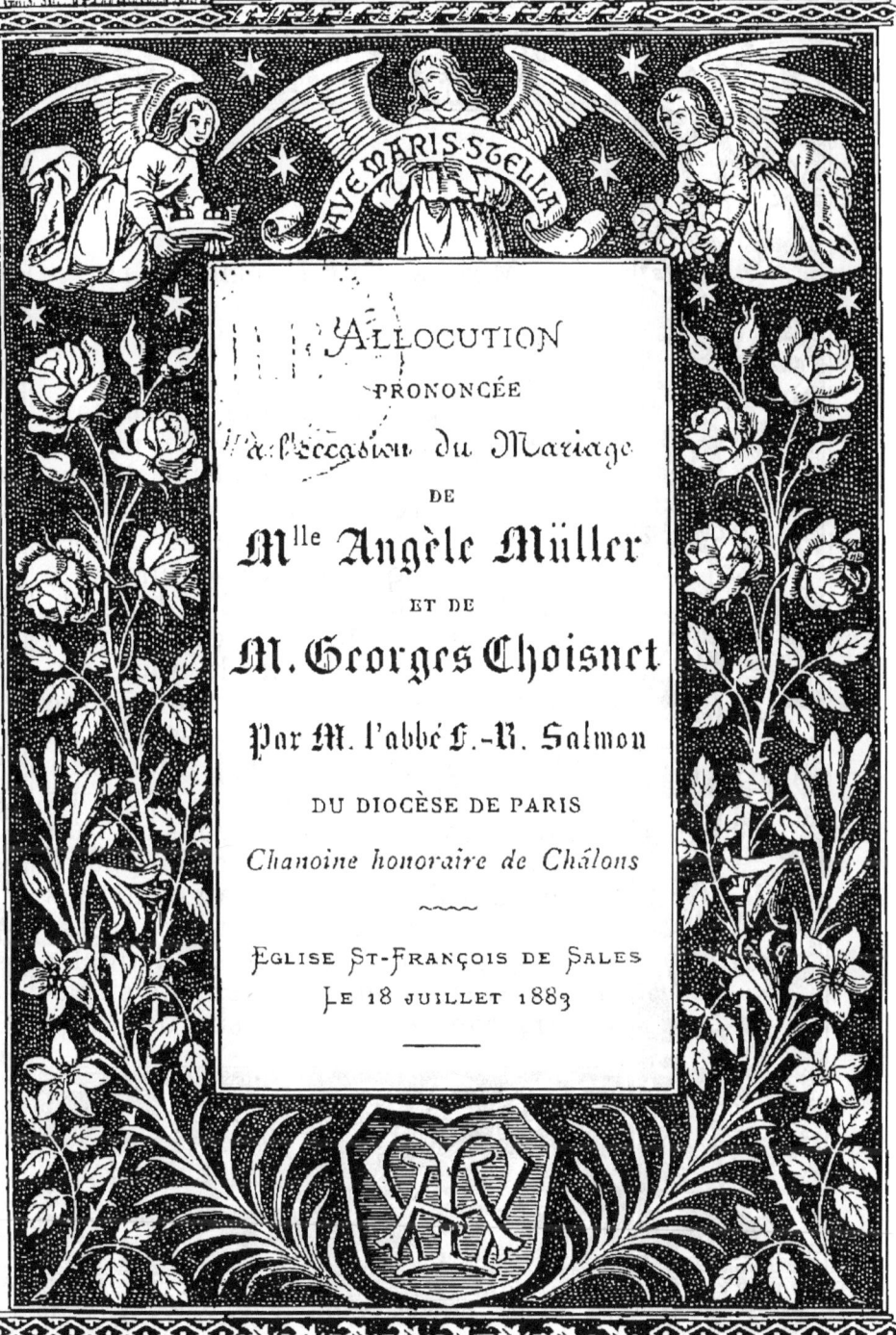

# Allocution
## PRONONCÉE
### à l'occasion du Mariage
DE
## M^lle Angèle Müller
ET DE
## M. Georges Choisnet

Par M. l'abbé F.-R. Salmon

DU DIOCÈSE DE PARIS

*Chanoine honoraire de Châlons*

Église St-François de Sales
Le 18 juillet 1883

Monsieur et Mademoiselle,

Ce n'est pas un vague et lointain souvenir, une image effacée par la distance, c'est une réalité d'hier, vivante encore sous nos yeux et toujours rayonnante de joie et d'espérance, qu'évoque en ce moment le spectacle de la solennité à laquelle nous assistons. Moins de quatre mois se sont écoulés depuis le jour où, dans votre famille, Monsieur, une heureuse union était consacrée au pied des autels. Votre jeune sœur vous précédait dans la voie, et vous faisant signe de la main, vous invitait à fonder à son exemple le sanctuaire d'une famille. Et c'était au cœur des vôtres une allégresse qui ne cesse pas d'y palpiter et près de laquelle un nouveau bonheur vient de s'épanouir, comme on voit sur une tige

## ALLOCUTION

verdoyante l'éclat d'une seconde fleur s'ajouter au charme de la première.

Alors, comme aujourd'hui, j'étais là appelant sur les jeunes fiancés ces bénédictions d'en haut que je viens invoquer à présent en votre faveur; car vous l'avez bien compris, jeunes époux, pour assurer l'honneur et la félicité du foyer domestique, il faut que Dieu préside à sa création, et vous avez bien fait de venir confier à la sainteté du temple l'éternité de vos serments.

Le jour où, dans la confiance de sa force et dans la liberté de son choix, un homme se lève pour se donner une compagne et fonder une maison dont il sera l'auteur et le roi; le jour où une jeune fille s'avance, joyeuse et couronnée, pour mettre sa main dans la main d'un époux, pour assumer sur elle la gloire et le fardeau d'un ministère auguste et d'un dévouement sans fin, ce jour-là marque une heure solennelle dans la vie humaine; et sous tous les cieux et dans tous les temps, ces deux êtres qui vont se dire l'un à l'autre : Vous seul

et pour jamais ! ont senti le besoin d'incliner leur tête, de joindre les mains et de ployer les genoux devant l'Eternel, pour le prendre à témoin de la sincérité de leurs engagements, pour implorer l'assistance de sa force contre leur fragilité et l'efficacité de sa protection en présence des incertitudes de l'avenir.

A quel titre j'ai été choisi pour remplir auprès de vous le ministère que la religion donne au prêtre, en élevant l'union des époux à la dignité du sacrement, je l'ai dit dans cette première solennité à laquelle nous touchons encore. J'ai remonté dans mes souvenirs aux jours éloignés où se formèrent dans la vie de collège, entre votre père et moi, Monsieur, ces liens d'une amitié que le temps a rendue plus forte; puis j'ai suivi mon ancien condisciple dans la carrière d'honneur, de fidélité au devoir, d'activité laborieuse et féconde qu'il s'est faite, afin d'y puiser quelques-uns de ces enseignements qu'il convient de faire entendre en de telles

circonstances; enfin j'ai dû parler d'une maison qui, par ses œuvres immortelles, a écrit sa page glorieuse dans les annales de notre pays; j'en avais alors sous les yeux comme j'en vois encore aujourd'hui autour de vous les dignes représentants; leur nom se trouvait sur mes lèvres, car un reflet de leur illustration est descendu sur le vôtre et quelque chose de leur prestige a rejailli sur votre famille. Avec quel bonheur je disais et leurs services signalés et leurs éclatants mérites, il doit vous en souvenir, et tout le monde ici leur rend ce témoignage que mes éloges n'étaient qu'une simple reconnaissance de la vérité.

Je ne reviendrai pas cette fois sur les leçons et les encouragements que me dictaient alors ces grands modèles du travail, car déjà vous en avez mis les enseignements en pratique, Monsieur, et c'est ce qui fait la valeur et l'honneur de votre jeunesse. De ce foyer paternel dont vous ne vous êtes jamais écarté, vous avez recueilli toutes les

traditions et de très bonne heure vous en avez appliqué les exemples. La fidélité à marcher dans la voie qu'un chef de famille a vaillamment ouverte et dignement parcourue, est à la fois une noblesse pour les enfants et le gage le plus assuré du succès. Vous étiez à bonne école dans ce milieu où votre père s'est distingué, où il a conquis avec la fortune la haute considération dont il jouit ; dans ce milieu où les hommes se tiennent si bien à leur poste ; où les femmes elles-mêmes (pourquoi ne pas rappeler ici ce qu'a dit, si publiquement et d'un accent si profondément ému, un des membres les plus autorisés de la maison Didot), où les femmes, quand le malheur des temps avait pour un moment paralysé les services des époux et des fils, ont su trouver dans leur poitrine un courage viril, mettre leur âme à la hauteur du péril que créait la violence triomphante, et bravement exposer leurs jours pour sauver la fortune et les titres des patrons.

ALLOCUTION

C'est une telle mère qui vous a élevé, Monsieur, et je ne m'étonne pas qu'elle vous ait si bien inculqué les vrais principes de la dignité, de la loyauté et du dévouement. Vous eûtes le bonheur encore d'être façonné au travail, instruit et dirigé dans la vie active par la haute expérience et par la science pratique d'un père dont vous fûtes, en des occasions trop fréquentes, car nous avions alors à compatir à ses souffrances, et le suppléant et le bras droit. Ainsi, les richesses de votre jeunesse, vous ne les avez pas, comme tant d'autres jeunes gens, prodiguées au vent de la dissipation et des plaisirs malsains. Préservé des influences énervantes qui atteignent chez eux les ressorts de l'intelligence et les puissances du cœur, vous avez développé les meilleures énergies de votre âge, le courage, la droiture, la délicatesse et la tendresse, et toutes ces vertus naturelles qui font les beaux et francs caractères ; et vous que j'ai connu à peine adolescent et que j'ai vu tou-

jours le même, vous êtes devenu un homme dans toute la force du mot, et l'avenir s'ouvre aujourd'hui plein de promesses devant vous, comme la vaste mer sous un ciel d'azur, devant le navire dont un souffle propice a gonflé la voile.

Et quelle récompense ne recevez-vous pas en ce moment de cette culture donnée à toutes vos facultés ! Ne vous semble-t-il pas qu'une providence attentive et bienveillante vous a guidé, comme par la main, vers cette charmante compagne qui vous était destinée; et ne pensez-vous pas que vous êtes tenu d'unir vos actions de grâces à celles que nous rendons à la souveraine Bonté, pour un événement qui comble de joie tous les cœurs ? Cet heureux établissement était bien le rêve que votre père poursuivait pour son fils ; sa sollicitude paternelle ne se dissimulait point que vous seriez difficile dans votre choix et qu'il faudrait pour le fixer un rare ensemble de qualités et de distinctions. Quelque

part pourtant s'élaborait pour vous dans le mystère et se perfectionnait celle que l'Ecriture appelle la perle sans prix. Vous en aviez conscience sans doute, et d'un accent convaincu, vous pouvez répéter en ce moment la parole du poète :

Mon cœur me l'avait dit : toute âme est sœur
[d'une âme.

Où la trouveriez-vous, quelles voies inconnues vous conduiraient vers elle ? C'était le secret de Dieu, et l'action de sa bonté fut de vous amener l'un vers l'autre et de vous la donner. Et n'est-elle pas bien touchante cette rencontre de deux destinées se déroulant à leur insu vers un point marqué d'avance, au rendez-vous qu'on ne s'est pas donné mais où l'on a été conduit d'en haut ?
Dieu l'avait dit aux premiers jours du monde : « Il n'est pas bon que l'homme soit seul, faisons-lui pour l'aider une compagne semblable à lui. » C'est grâce à cette similitude, qui fait les âmes sœurs par l'har-

monie des caractères, l'accord des volontés et la fusion des cœurs, que se réalise le mot biblique : « Vous serez deux et vous ne ferez qu'un »; grâce à elle que la femme peut aider son époux, l'aider dans ses travaux et dans ses peines : on souffre tant quand on est seul; dans ses joies et dans ses rêves de bonheur : quand on est seul la félicité est si indigente! dans le voyage de la vie enfin, qui doit aboutir à l'immortalité; car trop occupé de construire la cité d'ici-bas, l'homme perdrait de vue celle d'en haut, s'il ne voyait le ciel dans l'âme de son épouse, dans le sourire de son enfant.

Autre est la destinée, quand deux époux s'unissent qui n'ont pas été faits l'un pour l'autre. Quelle tristesse et quelle amertume, en ces mariages de notre époque où l'intérêt a tout dominé! On s'est à peine vu, on ne se connaît aucunement, on ne peut guère plus s'aimer, là où l'extérieur serait tout, si l'argent n'était davantage encore.

ALLOCUTION

Vous n'avez pas été recherchée ainsi, Mademoiselle. Ce n'est ni dans un enthousiasme irréfléchi, ni dans l'éclair fugitif d'un regard, où vous aviez pour vaincre assez d'avantages, ni dans l'éblouissement d'une fortune, que s'est faite au cœur de votre fiancé cette révélation de vous-même où il atteignit, pour jurer de n'en plus descendre, les hauteurs de l'affection, et pour dire dans la lumière d'une conscience éclairée : Voilà celle qui sera la compagne de mes jours et pour le temps et pour l'éternité.

Vous viviez à ce foyer que vous allez bientôt quitter ; vous en étiez l'ange tendrement aimé. Ce père qui en est le chef honorable et qui a vu couronner dans ses enfants, mieux encore que dans le succès de ses entreprises, sa confiance en Dieu, ses longs efforts et ses intelligents labeurs, cette mère qui vous a formée à la vertu avec des soins si parfaits, savent tous les deux quel trésor le Seigneur leur avait confié, quelle fleur exquise et suave ils peuvent

offrir à celui qui désormais va s'appeler leur fils. Et ce fut là, dans ce sanctuaire intime qui met si bien en relief les heureuses dispositions d'une jeune fille, que ce jeune homme vous a connue, Mademoiselle. Il avait trop de distinction pour ne pas vous comprendre, trop de cœur pour ne pas vous aimer. Et, béni soit Dieu! c'est dans une famille vraiment religieuse et chrétienne qu'il a vu briller, comme une étoile au firmament du ciel, celle qui lui est apparue comme une messagère de paix, d'espérance et de bonheur, et qui illumine de ses clartés les profondeurs de son âme.

Vous avez eu cette intuition, Monsieur, et il faut vous en féliciter, que la religion bien comprise et bien pratiquée, comme elle l'est toujours quand on a l'esprit et le cœur droits, loin de mettre une ombre à cette union que vous contractez sous les auspices du Très-Haut, ne ferait qu'en rehausser les charmes, qu'en rendre les liens plus sacrés et plus doux, qu'en assurer la parfaite et

durable harmonie. Il y a là en effet comme un puissant arome pour développer et conserver les richesses du patrimoine conjugal.

Sans elle que serait la beauté, ce premier don si mystérieux que Dieu fait à la femme! Ne lui jetons pas, si vous voulez, l'anathème d'un poète, enfant perdu de notre siècle, et ne disons pas avec lui :

La beauté, coupe d'or pleine d'un mauvais vin!

pourtant cette fleur, si Dieu ne la protège, n'est pas seulement fragile, elle est souvent dangereuse et malsaine. Pourquoi donc cet éclat sur un front virginal? Sans doute pour incliner le cœur de l'homme, mais c'est l'union divine de la beauté et de la vertu qui seule peut relever ce même cœur. Et quand s'effeuillera la couronne visible, quand les traits n'auront plus la même délicatesse et la même fraîcheur, grâce à la vertu, une beauté supérieure y laissera son empreinte, et la splendeur de l'âme y rayonnera toujours plus vive, à mesure que le déclin des ans fera l'éternité plus voisine.

Sans la religion, à quoi servira le cœur ? Le cœur, cet autre don, le plus excellent, car il renferme tous les autres.

Plus superficielle que l'homme en tout le reste, au dire d'un penseur chrétien, la femme est plus profonde dans l'amour. Le cœur est chez elle une œuvre achevée, un merveilleux assemblage des perfections les plus exquises : tendresse et suavité, dévouement invincible, délicatesse et pureté, fidélité patiente et courage obstiné, cherchez une qualité qui ne soit pas au cœur de la femme; mais l'excellence d'une création ne la met pas à l'abri de la corruption. Au milieu d'une société de mœurs affaiblies, où les pièges sont nombreux et les scandales communs, c'est par son cœur surtout que la jeune femme courra des dangers, s'il n'est pas à Dieu comme il est à son époux. Pour que des affections mauvaises ne s'y glissent pas, donnez-lui toutes les saintes tendresses : celle de la fille pour ses parents, de la sœur pour ses frères, de l'épouse pour son époux, de la mère pour ses enfants et, par-dessus tout, l'amour de la chrétienne pour son Dieu. Quand ce cœur portera ainsi enchassés les uns dans les autres toutes ces amours, tous ces devoirs, toutes ces responsabilités, il sera comme lesté, et pourra traverser la vie sans craindre le naufrage.

Ce grand idéal de la femme chrétienne et forte, j'aurais aimé à le représenter autrement que dans une pâle esquisse ; mais si mon ébauche est imparfaite, Dieu vous ayant donné, Monsieur, une jeune fille selon son cœur, vous pourrez en apprécier le prix et le mérite mieux que je ne saurais le dire ; et sous votre toit conjugal plein de charme, d'honneur et de fidélité, près des berceaux que l'Eglise aura sanctifiés et qu'enveloppera l'amour d'une mère pieuse, vigilante et dévouée, vous verrez qu'il est bon d'abriter à son foyer les anges tutélaires que le ciel y envoie, d'y conserver les saintes énergies qui lui donnent un caractère religieux et sacré, qui en mettent les obligations, les joies ou les douleurs sous la garde du Seigneur, et y font régner la vertu, la concorde et l'amour. Le bonheur s'acclimate mieux sous un toit, quand Dieu n'en est pas absent; l'affection y subsiste plus durable et plus forte, quand elle a sa source dans un principe éternel : car il y a dans la religion, suivant la pensée de l'apôtre, non seulement des promesses pour la vie future, mais encore des gages pour la prospérité de la vie présente. Puisse le Seigneur que nous invoquons vous donner les garanties de cette double félicité dans la bénédiction nuptiale que vous allez recevoir!

Ainsi-soit-il.

LE MANS. — TYP. ED. MONNOYER.

www.ingramcontent.com/pod-product-compliance
Lightning Source LLC
Chambersburg PA
CBHW060621050426
42451CB00012B/2364